CD付 たにぞう & タニケン の

ボクノオト キミノオト

タニケン

たにぞう

谷口國博・谷本賢一郎 共著

世界文化社

CONTENTS

第**1**章

ぼくの音！

第**2**章

きみの音！

ボクノオト キミノオト

手話監修／古家貴代美

● 手話ソングとは……歌いながら手話をしやすく、伝わりやすいように制作した歌のことです。
● 振り付けにある【 】内の言葉は、手話本来の意味を紹介しています。

1番

ぼくの	こえ	きみの	こえ

   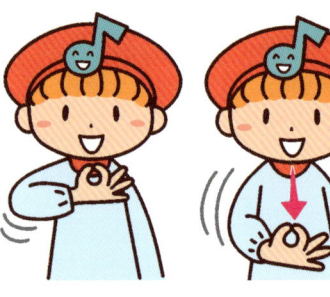

右手の人差し指で
胸をさす【私】　　　　右手の人差し指と親指で輪をつくり、
　　　　　　　　　　のどにそって前に出す【声】　　　　右手の人差し指で
相手を指さす【あなた】　　　右手の人差し指と親指で輪をつくり、
　　　　　　　　　　　　　　　のどにそって前に出す【声】

★

あわせたら	すてきな	おんがく

両手の人差し指を
左右から中央によせる【一緒】　　右手のひらを下に向け、人差し指の
　　　　　　　　　　　　　側面を鼻の下にあてて右にひく【すてきな】　　両手の人差し指をたて、
顔の横で拍子をとるようにふる【音楽】

うたえば ほら	ほら	ほら

両手の人差し指と中指をたてて、口元からななめ上にスッとのばす【歌／歌う】。4回くり返す。
1回目は左に体をかたむけ、2回目は右、3回目は左、4回目は右

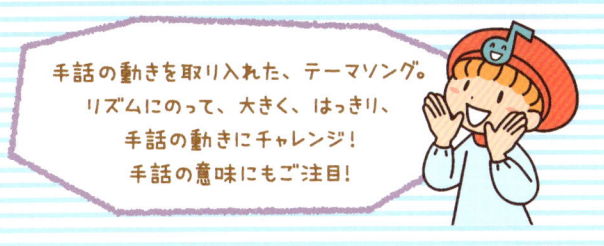
手話の動きを取り入れた、テーマソング。
リズムにのって、大きく、はっきり、
手話の動きにチャレンジ！
手話の意味にもご注目！

みんな うたいだ

手のひらを下にした右手を
大きく胸の前で水平にまわす【みんな】

す

両手の人差し指と中指をたてて、
口元からななめ上にスッとのばす【歌／歌う】。2回くり返す

わらえば ほら　　ほら　　ほら

ほおの横でL字のかたちにした両手の指を、ほおの横で閉じて、開く【笑顔】。4回くり返す。
1回目は左に体をかたむけ、2回目は右、3回目は左、4回目は右

みんな わらいだ

手のひらを下にした右手を
大きく胸の前で水平にまわす【みんな】

す

ほおの横でL字のかたちにした両手の指を、
ほおの横で閉じて、開く【笑顔】。2回くり返す

おおきな　　こえで　　ぼくと　　うたおう

両手を口のそばに
もっていき、左をむいて
「ヤッホー」のポーズ

右をむいて
「ヤッホー」のポーズ

両手の人差し指を
左右から中央によせる【一緒】

人差し指と中指を口元から
スッと1回転しながら
のばす【歌／歌う】

きみも　うたおう　　おおきな　こえで　ぼくと　うたおう　きみも　うたおう

右手の人差し指で相手を指さす【あなた】。
指をさす方向を左から右に移動しつつ、
4回くり返す

a をくり返す

★

2番　ぼくの　　　　おと　　　　きみの　　　　おと

右手の人差し指で
胸をさす【私】

人差し指で
胸を一周する【気持ち】

右手の人差し指で
相手を指さす【あなた】

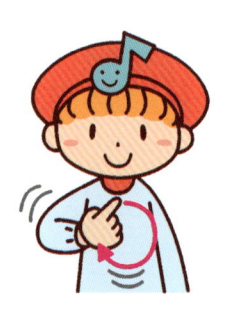

人差し指で
胸を一周する【気持ち】

あわせたら　〜　うたおう

★ をくり返す

ラッパパパラ　　　　　〈手拍子〉

♭

両手の人差し指と中指をたてて、
口元からななめ上にスッとのばす【歌／歌う】。
リズムにあわせてくり返す

手拍子 2 回

ラッパパパラ〜

♭ を全部で 12 回くり返す

後奏　　　　　　　〈おしまい〉

両手の人差し指と中指をたてて、
口元からななめ上にスッとのばす【歌／歌う】

指揮者のように
たてた指を閉じる

Q1 どんな町に 生まれたの?

A1 田舎だったなあ。田んぼに囲まれていてね。田植えの時期に水をはるでしょ、そのときどこからか、たくさんの鳥たちが田んぼに集まってきて、まるで湖みたいなんだよね。そして風がないときは水面がまるで鏡のようになって、近くの南アルプスの山が水面に映るんだ。綺麗なところだったなあ〜。

【name】 たにぞう

Q2 夢中になった 遊びは?

A2 毎日仲間たちと日が暮れるまで遊んでいたなあ。野球をしたり、缶蹴りをしたり。

Q3 とっておきの 場所は?

A3 沖縄県の渡嘉敷島かなあ。毎年必ず行って1週間のんびりカメと泳いだり、クジラを見つけに行ったり。ダイビング、マグロ釣りも。

Q4 あこがれの人は?

A4 マイケル・ジャクソンかなあ。

Q5 大切に していた 宝物は?

A5 子どもの頃母親から買ってもらった本は、いまでも宝物。

Q6 今だから言える ヒミツは?

A6 本当は人見知りだった。

Q7 よく口ずさんで いた歌は?

A7 アニメ『家なき子』のエンディング、「はらぺこマーチ」。元気になるんだよね、この歌!

子ども大好き！ 歌大好き！
音楽でみんなをとりこにする
たにぞうさんとタニケンさん。
おふたりの子ども時代を、
Q&Aでお聞きしました。

Q1 どんな町に生まれたの?

A1 岡山県との県境にある兵庫県佐用町。自然あふれる田舎町でした。山と山の谷間に町があって、とにかく星がとてもきれい。

【name】
タニケン

Q3 とっておきの場所は?

A3 家から少し歩いた丘の上。近所の年上のお兄ちゃんたちといっしょに丘にのぼって寝転んで、空を眺めていた。いつも見る空よりも近くに雲を感じて、流れの速い雲を見たりしていると、自分だけの世界であるように感じていたな。

Q2 夢中になった遊びは?

A2 近所の小さな公園で、ひとりキャッチボール。公民館の壁にボールを投げて、戻ってくるのをキャッチして遊んでました。

Q4 あこがれの人は?

A4 トシちゃん（田原俊彦）とヒデキ（西城秀樹）。そしてなんといってもビートルズ！

Q5 大切にしていた宝物は?

A5 人形のマサオくん。オーバーオールを着た金髪の人形で、家の中では、ご飯を食べるときもなにをするときも、いつもいっしょでした。

Q7 よく口ずさんでいた歌は?

A7 「およげ！たいやきくん」、「パタパタママ」、〝イ〜ア〜ルサンス〜〞の「カンフーレディー」。

Q6 今だから言えるヒミツは?

A6 ながいあいだ自分のことを「けんちゃん」と呼んでいました。小学校にあがるときには、恥ずかしいから外では「僕」だったけど、家ではずーっと、「けんちゃん」。

ふたりの出会い

♪いつも なかよし♪

出会う前からお互いに
「気になる存在」だったという、
たにぞうさんとタニケンさん。
名前もちょっと似ているおふたりの、
出会いと音楽にかける想いを
お聞きしました。

たにぞう：3年くらい前にNHKのイベントで会ったんだよね。

タニケン：それまでも、同じイベントで出演日がちがってすれちがっていたり、名前に同じ「谷」が入っていたり、たにぞうさんが気になっていました。

たにぞう：タニケンの歌はもちろん聴いていて、僕もコラボしたいと思っていたんです。だから、会えたときに「おおー！」ってなって、初対面ですぐ「いっしょに歌おう！」と。僕の好きな言葉に、沖縄の言葉で「いちゃりばちょーでー」というのがあって、これは、「いったん心を開いた相手は、もう兄弟」という意味。タニケンはまさにそれ。波長があった。

タニケン：はじめて会って、そのあとすぐ家に呼んでくださって。僕はわりとこもりがちなほうなんですが、たにぞうさんが外に連れ出してくれたかんじでした。このたにぞうさんのエネルギーはいったいどこからでてくるのか、一緒にいてとても知りたいと思ったんです。

たにぞう：ふたりのエネルギーがすごくて、いっしょに1秒で歌つくっちゃったもんね（笑）。これはちょっと大げさだけど。

タニケン：テレビ番組をやっていたときはわりとしっとりと歌うことが多かったのが、たにぞうさんと一緒のときは、大きな声で歌う場面が増えたんですね。大きな声で歌うと、子どもたちの目がきらきらしてくるのがとてもうれしくて、もっといっしょに歌いたい、もっとみんなで歌いたいって思うようになりました。

たにぞう：それは、この本のタイトル『ボクノオト キミノオト』に込めた想いと同じ。タニケンや僕が体感している、「みんなで歌う楽しさ」を、僕たちの音楽やこの本を通して、もっともっと知ってもらいたい。

タニケン：みんなの音が重なると、本当に心地いいんですよ。

たにぞう：それを実感したのが、タニケンと行ったインドネシアのバリ島。「本物を体験しにいこう！」ということで、みんなで行ったんだよね。

タニケン：そこに行くのが自然な流れでしたね。バリ島でガムランを聴いて、演奏して、たくさんの人と一緒に歌ってきました。いろいろなものを吸収した、すばらしい旅行でしたね。この話はまたのちほど。

第1章

ぼくの音!

手や体全体をつかって歌おう。
自分の声と体の動きをあわせると、
どんな音楽が聞こえてくるかな?

ワオキツネザル

楽譜 P.48　CD ♥ 7

ギョロっとした目に、しましまのしっぽが
ユニークなワオキツネザル。
気になるその名前を、手あそびしながら歌います。
言葉の意味と振り付けがつながると、
もっと楽しい！

前奏

リズムにあわせて手拍子

ワオ

a

両ひじをまげて、
手のひらを上にむけ、上下する

キツネ

指はチョキにして、
両手を胸の前でクロスさせる

ザル

手をグーにして、右手を頭の上へ、
左手はおなかの前へおき、サルのポーズ

ワオキツネザル

a
と
同
じ

ワオっていうけど

両ひじをまげて、
手のひらを上にむけ、上下する

おど

b

右手のひじをまげ、胸の前で
右から左へ手をふる。左手は腰にあてる

ろか

左手は腰にあてたまま、
反対に、左から右へ手をふる

ない

右へふった手を左へ戻す

キツネっていうけど

指はチョキにして、
両手を胸の前でクロスさせる

キツネじゃない

b
と
同
じ

**ワオワオ
ワオワオ ワオワオ**

両ひじをまげて、手のひらを上にむけ、
上下するのをくり返す

ワオキツネザル

a
と
同
じ

● 2回めから
スピードをあげていく

おそらにとぶのはカモメカモ？

楽譜 p.40 CD ♥3

1回目はゆっくり、2回目から
だんだんテンポを上げていきます。
速くなればなるほど、
どっちがカモメで、どっちがカモだか
わからなくなってくる!?

前奏 **おそらに** **いるのは** **カモメ**

リズムにあわせて手拍子

a

右手をあげて空を指さす

両手をひざに

指をそろえて横に広げ、
羽のように上下に動かす（＝カモメの動き）。
2回くり返す

おいけに **いるのは** **カモ**

右手でななめ下を指さす

両手をひざに

指をそろえ、
ひじから下を下向きにまげる。
右手を前に、
左手をうしろに

右手をうしろに、
左手を前にして交互に
動かす（＝カモの動き）。
2回くり返す

おそらに
ふわふわ
カモメ
おいけに
ぷかぷか
カモ

aを
くり返す

おそら **カモメ** **おいけ** **カモ**

b

右手をあげて空を指さす

カモメの動きを1回

右手でななめ下を指さす

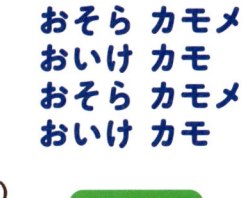

カモの動きを1回

おそら カモメ
おいけ カモ
おそら カモメ
おいけ カモ

bを2回
くり返す

おそらに とぶのは **カモメ カモ？** **2番** **〈おしまい〉**

右手をあげて空を指さす

カモメの動きを1回、
カモの動きを1回

スピードをあげて
くり返す。
「おそら」には「カモメ」、
「カモメ」には「おそら」、
「おいけ」には「カモ」、
「カモ」には「おいけ」の
動きをする

顔の横で両手をひらく

へんしんだビーム

楽譜 P.42　CD ♥4

指でさまざまな輪のかたちを作り、メガネをつくります。メガネからむこうをのぞいて、ビーム発射！あちこちにビームを出しまくろう！

1番

手の形

ひとさしゆび

両手を顔より高くななめ上にあげ、人差し指をたてる

そして おやゆび

そのまま親指をたてる

あわせて

顔の前で人差し指どうし、親指どうしをくっつけ、輪をつくる

へんしんだ

輪を顔に近づけ、穴からむこうをのぞく

ビーム

指のかたちはそのままに、両手をななめ上に開く

2番

手の形

キツネ

右手を顔より高くななめ上にあげる。親指、中指、薬指をくっつけ、人差し指と小指をたててキツネをつくる

そして キツネ

左手も顔より高くななめ上にあげ、同様にキツネをつくる

あわせて

両方のキツネの鼻と鼻をくっつけてメガネをつくる

へんしんだ

メガネを顔に近づけ、穴からむこうをのぞく

ビーム

指のかたちはそのままに、両手をななめ上に開く

そらにビーム　**やまにビーム**　**うみにビーム**　**ビームビーム**　**ビーム**　**ビーム**

a と同じ

a　2番の指の形のまま、体を右にひねり、右ななめ上に右手をのばす。左手はひじをまげ右方向にそえる

体を左にひねり、手を反対にして、左方向にくり返す

両手を胸の前でまっすぐのばす

まげている右手をそのままに、左手もまげて胸の前でクロスさせる

両手をななめ上に開く

3番

手の形

ひとさしゆび

両手を顔より高く
ななめ上にあげ、
人差し指をたてる

そして なかゆび

そのまま
中指をたてて
ピースサイン

あわせて

人差し指と中指を
くっつけて
輪をつくり、
その輪をくっつけて
メガネをつくる

へんしんだ

メガネを
顔に近づけ、
穴から
むこうをのぞく

ビーム

指のかたちは
そのままに、
両手を
ななめ上に開く

 4番

手の形

こゆび

両手を顔より高く
ななめ上にあげ、
小指をたてる

そして くすりゆび

そのまま
薬指をたてる

なかゆび

中指をたてて
OKサイン

へんしんだ
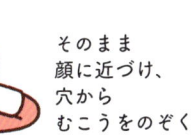
そのまま
顔に近づけ、
穴から
むこうをのぞく

ビーム

指のかたちは
そのままに、
両手を
ななめ上に開く

そらに ビーム　やまに ビーム　うみに ビーム　ビームビーム　ビーム　ビーム

手の形 のまま **b** をくり返す

 **5番**

手の形

ひとさしゆび

両手を顔より高く
ななめ上にあげ、
人差し指をたてる

そして おやゆび

そのまま
親指をたてる

くるりとしたら

人差し指と
親指をくっつけ、
残りの指をたてて
OKサインを
つくる

へんしんだ

指のかたちは
そのままに、
手のひらを
ひっくり返して
小指をあごの
そばにおき、
OKの輪を
目にあわせる

ビーム

手の向きを
返しながら、
両手を
ななめ上に
開く

ぼくのうちには

早口言葉を歌にしました。
陽気なポルカを歌うような気分で、
ユーモアたっぷりに歌ってみましょう。
言い間違いは気にしない！

● 3拍子のボディーパーカッションの歌です。
さまざまなバリエーションで、1、2、3の動きを歌のはじめからおわりまでくり返します。
1日目、2日目、3日目……と、日ごとに振り付けを変えて遊びます。

　ぼ　　　くの

手拍子1回　　両手でひざを2回たたく

くり返す

　ぼ　　　くの

手拍子1回　　両手で肩を2回たたく

くり返す

3日目　ぼ　　　くの　　　　　う　　　　　ちに

手拍子1回　　両手でひざを2回たたく　　手拍子1回　　両手で肩を2回たたく

くり返す

4日目　ぼ　　　く　　　の

手拍子1回　　右手で右の　　左手で左の
　　　　　　　ひざをたたく　ひざをたたく

くり返す

5日目　ぼ　　　く　　　の

手拍子1回　　右手で右の　　左手で左の
　　　　　　　肩をたたく　　肩をたたく

くり返す

6日目　ぼ　　　く　　　の　　　　う　　　ち　　　に

手拍子1回　　右手で右の　　左手で左の　　手拍子1回　　右手で右の　　左手で左の
　　　　　　　ひざをたたく　ひざをたたく　　　　　　　　肩をたたく　　肩をたたく

くり返す

 **7日目**

 ぼ　 くの　う　ちに

右足踏み1回　体重を右にかけたまま 手拍子2回　左足踏み1回　体重を左にかけたまま 手拍子2回

くり返す

 **8日目**

ぼ　くの　う　ちに

手拍子と右足踏みを 同時に1回　体重を右にかけたまま 両手で両ひざを2回たたく　手拍子と左足踏みを 同時に1回　体重を左にかけたまま 両手で両ひざを2回たたく

くり返す

 **9日目**

ぼ　くの　う　ちに

手拍子と右足踏みを 同時に1回　体重を右にかけたまま 両手で肩を2回たたく　手拍子と左足踏みを 同時に1回　体重を左にかけたまま 両手で肩を2回たたく

くり返す

 **10日目**

ぼ　くの　う　ちに

手拍子と右足踏みを 同時に1回　体重を右にかけたまま 両手で両ひざを2回たたく　手拍子と左足踏みを 同時に1回　体重を左にかけたまま 両手で肩を2回たたく

くり返す

月曜日から日曜日まで、
動きがひとつずつ加わっていきます。
それぞれの動きは曲にあわせて
何度も動きましょう。
盛り上がること間違いなし！

前奏

おじぎをする

1番 げつようびの めだましょうひんは

★ 両手をそれぞれ「C」の形にし、顔の前にもってくる。双眼鏡をのぞくようにして、ひじを上下に4回動かし、同時に足を屈伸させる

よくきれる ノコギリです
ギコギコ ギコギコ ギコギコ

やすいから
おかいどく

両手をそろえて右側にのばし、ひじをまげる。ノコギリで切っているように、うでをのばしてひく

ギコギコ ギコギコ

やすいから
おかいどく

a 左手を腰にあて、右手のみ右側にのばしてひき、ひくときに足を屈伸させる

2番 かようびの めだましょうひんは

★ と同じ

カチカチの トンカチです
トンカチ カチカチ トンカチ

やすいから
おかいどく

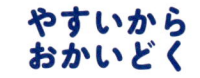

右手をななめ上にのばし、そのそばを左手でたたく

ギコギコ ギコギコ

トンカチ カチカチ

やすいから
おかいどく

b **a** と同じ

右手はノコギリのまま、左手はトンカチをたたく

3番 すいようびの めだましょうひんは

うわさの フラフープです
フラフラ フラフラフープ

やすいから
おかいどく

★ と同じ

両手を横にのばす。
腰をまわす

ギコギコ ギコギコ　　トンカチ カチカチ　　フラフラ フラフープ　　やすいから
おかいどく

c

b と同じ

右手はノコギリ、
左手はトンカチのまま、
フラフープを
まわすように
腰をまわす

4番 もくようびの
めだましょうひんは

ダイエットの じてんしゃです
キコキコ キコキコ キコキコ

やすいから
おかいどく

★ と同じ

手はハンドルをもつ
まねをして
左をむく。
自転車に
またがるように
右足をあげて
むこう側におろす

左足で立ち、
ペダルを
ふむように
右足をまわす

(4番 上段)

ギコギコ
ギコギコ

トンカチ
カチカチ

フラフラ
フラフープ

キコキコ キコキコ
やすいから おかいどく

d

(4番 下段イラスト)

c と同じ

右手はノコギリ、
左手はトンカチ、
腰はフラフープのまま、
自転車をこぐように
右足をまわす

5番

きんようびの めだましょうひんは

★と同じ

めにしみる めぐすりです パチパチ パチパチ パチパチ

顔を上にむけ、左手で目のそばをおさえる。右手は目薬をさすようにひじを高くあげる

やすいから おかいどく

まばたきをくり返す

ギコギコ ギコギコ	トンカチ カチカチ	フラフラ フラフープ	キコキコ キコキコ	パチパチ パチパチ やすいから おかいどく

e

d と同じ

右手はノコギリ、左手はトンカチ、腰はフラフープ、足は自転車のまま、まばたきをする

6番

どようびの めだましょうひんは

★と同じ

ちょっと おやすみです

まっすぐ立ち、右に頭を落としてひざをまげてずっこける

がっかり かりかり がっかり

ちょっと おやすみ

頭を左右にふってひざをまげる。左右にずっこける

ギコギコ ギコギコ	トンカチ カチカチ	フラフラ フラフープ	キコキコ キコキコ	パチパチ パチパチ	がっかり かりかり ちょっと おやすみ

f

e と同じ

右手はノコギリ、左手はトンカチ、腰はフラフープ、足は自転車のまま目はまばたきしたまま、左右にずっこける

にちようびの
めだましょうひんは

★ と同じ

ピエロの
おわらいショーです

指をそろえて
手首をまげ、
両手を下にのばし、
足ものばす。
体を左右に
かるくゆらし、
その場で
まわりはじめる

クルクル クルクル クルクル
ピエロの おわらいショー

直前の動きのまま2周まわる

ギコギコ ギコギコ

トンカチ カチカチ

フラフラ フラフープ

キコキコ キコキコ

パチパチ パチパチ

がっかり かりかり

f と同じ

クルクル クルクル
ピエロの おわらいショー

右手はノコギリ、左手はトンカチ、
腰はフラフープ、足は自転車、
目はまばたき、首はがっかりしたまま、
その場でまわる

こんしゅうの

左手を腰にあて、
右手を下から
上にもち上げる

おかいど

左手もななめ上に
もち上げる

く

手のひらを
上にむけて
両手をのばす

〈おしまい〉

左手を背中、
右手をおなかに。
左足をかるくまげ、
右足は左足の
うしろにかけて、
おじぎをする

これが魔法さ

リズムにあわせてジャンプをしたり、歌詞にあわせて体全体で「おーい」と動いてみたり。体を大きく動かしてノリノリで踊ろう！

前奏

リズムにあわせて左右に1歩ずつ横に出し、足を閉じたときに同時に頭の上で大きく手拍子

しらない ひとでも

足は肩幅にひらいてひざでリズムをとりながら、左手は腰に、右手は人差し指をたてて左から右に4回指さす

右手を大きくまわし、いったん脇をしめてから、足を閉じると同時にこぶしを高くつきあげる

はじめての ひとも

手を逆にし、くり返す

うたえば　　ともだちに　　に　　なれる　　これがまほうさ

a をくり返す

右の手のひらをみせるように横にのばし、右足を横に出す

左手も横にのばし、左足も横に出す

両ひざ、両ひじ、腰をまげておなかの前で下を向き、両手を組む。足は閉じる

組んだ手をそのまま上につきあげると同時に足を開き、目は手を見る

組んだ手をはなして横にひろげる

リズムに のって ほら

ジャンプしながら
右手で3回
手をふる

ジャンプを続けながら
リズムにあわせて
2回右手をつきあげる

からだを ゆらして

手を逆にして、
くり返す

てびょうしだけでも

ジャンプ
しながら
頭の上で
4回手拍子

からだの

右手の人差し指を
顔の横でたてる

なか

左手の人差し指も
顔の横でたてる

ワクワクしてくる

リズムにあわせてひざをひろげたり
閉じたりしながら体を左右にゆらし、両手をまわす

おおきな こえで おーい

両手を横にのばして顔の前でリズムに
あわせて手をふる。足は右側から右足、
左足の順にそろえ、左足、右足の順に左側へ。もう1度右へ

足を左によせながら
腰を左にひっぱって
両手を口の前に
もっていき、
「おーい」の位置から
右方向に
両手をのばす

はずかし
がらずに

おおきな
こえで おーい

b をくり返す

b をくり返す

みんなで

うたお

う

2番　3番
後奏

1番と同じ　前奏と同じ

a と同じ

バリ島&渡嘉敷島 旅行記

「旅はいつも大所帯」という
たにぞうさんの旅行に、
タニケンさんも参加。
ウクレレ片手に出かけた、
インドネシア・バリ島と
沖縄県渡嘉敷島での
珍（?）道中を振り返って
いただきました。

インドネシア バリ島 2018年12月

ガムランの聖地へ！

村を
歩いたよ！

たにぞう：タニケンを誘っていっしょに行ったのは、インドネシアのバリ島。やっぱり人前で歌う人間なら、「本物を見に行こう！」って。ガムランの聖地と言われるバリ島のタガス村に行きました。ガムランというのは、インドネシアで６００年以上前から続くと言われる民族音楽のことです。

タニケン：はじめて行ったのですが、ものすごいエネルギーを感じました。ガムランって、それぞれの奏でる音は不協和音なのに、ひとつに重なると、本当に心地いい音に聞こえるんです。僕も楽器を弾かせてもらいましたが、その土地の風やにおいもいっしょに、演奏しているような気分になりました。

たにぞう：自然界の鳥や虫の鳴き声、風の音も、不協和音といわれているけど、こうした音も、森で聞くととても気持ちがいい。ガムランはそんな自然の音を取り込んだ音楽。だから聴いているといつのまにか自然体になってきて、心がすーっときれいになっていく気がする。

タニケン：その場所で、持っていったウクレレを演奏して歌ったことも忘れられない。子どもも大人も本当にいい顔で歌を聴いて、参加してくれました。言葉の意味はわからなくても、現地の子どもたちといっしょに、「カナーン！」「キリーン！」と歌の掛け合いをしたとき、僕はガムランの聖地で、神様が本当に降りてきたような感覚すらしました。

たにぞう：あれはバリで一番いい時間だったね。歌で人はつながっていくんだって、実感しました。タガス村でも、飲み屋でも、ホテルのバーでも、二人でウクレレを弾いて、そこにいるみんなと歌ったことがとても印象に残っている。

名曲誕生！

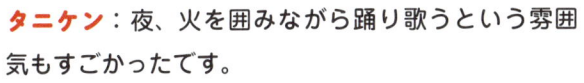

はい、ポーズ！

タニケン：バリ島に伝わる「ケチャ」を聴いたのも忘れられません。

たにぞう：両手をあげて手を揺らしながら、3パートがそれぞれちがうリズムをきざむんだけど、3つが合わさると、恍惚的といっていいのか、あの場でしか感じられないような音楽ができあがる。

タニケン：夜、火を囲みながら踊り歌うという雰囲気もすごかったです。

たにぞう：それを聴きながら、「ケチャ」ってことは、「お茶」だよねって。

タニケン：ですね。じゃあ、もうお茶で歌うしかない（笑）！ そこでできたのが『まっ茶・むぎ茶・ほうじ茶』（p.30）です。みんなで歌うと高揚感ありますよ。振り付けも楽しいので、ぜひすべてのお茶をマスターして歌の掛け合いを楽しんでほしいです。

たにぞう：そうだね。「こんな音楽もあるのか！」って、いろいろな音楽があることを楽しんで知ってほしい。

この本には「ぼくのうちには」（p.16）という、地中海のおじさんたちが陽気に歌っているような面白い歌も入っているんだけど、陽気で楽しい気分で歌ってほしい。

タニケン：早口言葉の歌で、ぼくも歌詞を間違えたりしたんですが、それもおもしろいんです。

たにぞう：そういうハプニングもおもしろいよね。バリ島で笑っちゃったハプニングは、タニケンの髪の毛。海でイルカと泳いだんだけど、海からあがったらタニケンのトレードマークの髪の毛が、ジャラーンってなっちゃって。

タニケン：あはは。あれも楽しかったですね。

ジャラ〜ン

\チャッ/ \チャッ/ \チャッ/

ウミガメに会いに

すぃ〜　　すぃ〜

タニケン：そのあといっしょに行ったのが、沖縄県渡嘉敷島。バリ島に行ってから、気がつけば自然な流れてここに来ていた感じですね。ウクレレももちろん持って行きました。

たにぞう：僕は渡嘉敷島が大好きて、ほとんど毎年行ってます。ウミガメといっしょに泳いだり、クジラを探しにいったり。

タニケン：時間の流れがゆったりしていて、とてもよかったです。ウミガメを見ていると自分の肩の力も抜けていって、のんびりできました。ウミガメはずっと見ていられますね。

たにぞう：海に入っても、渡嘉敷島のウミガメは逃げないんだよね。泳いでいる姿がとてもきれい。そして夜になるとフクロウの声が聞こえてきてね。で朝起きたら、「カジキマグロ釣りに行くぞ！」って。

タニケン：大時化（おおしけ）なのに早朝に出発して、薄曇りの中ひたすら船酔いに耐えました。クジラを見たり、とびうおが船に飛び込んだりしてきて、それなりに渡嘉敷島らしい思い出はあるのですが、カジキマグロは釣れませんでした。あの日は地元の人は海に出ないくらいの大波だったようで、なかなかしんどかったですね……。

たにぞう：カジキマグロ、次、リベンジだ！

タニケン：僕はもういいです……。またウミガメに会いに行きたいなあ。

たにぞう：うん。そうやってまたいろいろなところに行きたいと思うようになるんだよね。そこで自分が体験したことを、吸収して、持ち帰って、音楽にしていく。今はインターネットでかんたんに歌が聴けるけれど、そうではなくて、行ってみないと感じられないことを音楽にして、伝えていきたい。

タニケン：そうですね。たにぞうさん、次はどこに行きましょうかね。

海は広くていいな〜

第2章
きみの音！

みんなの音を重ねて歌おう。
ひとりでは歌えない、掛け合いや
輪唱の楽しさを味わおう！

ケッコウピヨピヨ

ニワトリとヒヨコになりきって、おとなりの友だちをつつきながら歌います。1節ずつずらして歌えば、輪唱あそびに。入りをずらせば二重三重にも歌え、楽しさささらに倍増！

● 〈基本〉みんな一緒に

前奏

リズムにあわせて手拍子

ニワトリの おやは　けっこうコケコッコ

a 右をむいて指をそろえ、右手を上、左手を右ひじにそえ、くちばしの形をつくる。右側にいる人の肩を8回つつく

ヒヨコも つられて　ケッコウ ピヨピヨ

b 左をむいて手を反対にし、左側にいる人の肩を8回つつく

じょうずに　うたえず

a を 4回

ピヨピヨ　ピピピ

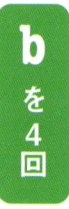
b を 4回

いつかは　みんなで

a を 2回

b を 2回

コケ　　**コッ**

a を 1回　　**b** を 1回

コ

手拍子1回

コケ　　　　**コケ**　　　　**コケコッ**　　　　**コ**

c 右をむいて、「おーい」と呼びかけるように手を口のそばによせる

左をむいて、「おーい」と呼びかけるように手を口のそばによせる

右をむいて「おーい」

右をむいたまま両手をのばす

コケ　　　　**コケ**　　　　**コケコッ**　　　　**コ**

d 左をむいて、「おーい」と呼びかけるように手を口のそばによせる

右をむいて、「おーい」と呼びかけるように手を口のそばによせる

左をむいて「おーい」

左をむいたまま両手をのばす

● 〈輪唱あそび〉 2つ以上のグループに分かれます。はじめに歌うグループ（A）は、〈基本〉と同じように、
曲のはじめからスタート。おいかけるグループ（B）は、手拍子を8回してから1節遅れてスタート、
その次のグループはさらに手拍子を8回してからスタート……、というふうに1節ずつずらして歌い始めます。

A

ニワトリの おやは けっこうコケコッコ	ヒヨコも つられて ケッコウ ピヨピヨ	じょうずに うたえず ピヨピヨ ピピピ
a を8回	**b** を8回	**a** を4回　**b** を4回

B

手拍子8回

ニワトリの おやは
けっこうコケコッコ

e 右をむいて指をそろえ、右手を上、
左手を右ひじにそえ、くちばしの形をつくる。
右側にいる人の肩を8回つつく

ヒヨコも つられて
ケッコウ ピヨピヨ

f 左をむいて手を反対にし、
左側にいる人の肩を8回つつく

A

いつかは みんなで		コケ	コッ	コ	コケ コケ コケコッ コ
a を2回	**b** を2回	**a** を1回	**b** を1回	手拍子1回	**c** と同じ

B

じょうずに うたえず	ピヨピヨ ピピピ	いつかは みんなで		コケ	コッ	コ
e を4回	**f** を4回	**e** を2回	**f** を2回	**e** を1回	**f** を1回	手拍子1回

A

コケ	コケ	コケコッ	コ
d と同じ			

B

コケ	コケ	コケコッ	コ
右をむいて、 「おーい」と 呼びかける ように 手を口の そばによせる	左をむいて、 「おーい」と 呼びかける ように 手を口のそばに よせる	右を むいて 「おーい」	右を むいたまま 両手を のばす

A

コケ	コケ	コケコッ	コ
c と同じ			

B

コケ	コケ	コケコッ	コ
左をむいて、 「おーい」と 呼びかける ように 手を口の そばによせる	右をむいて、 「おーい」と 呼びかける ように 手を口のそばに よせる	左を むいて 「おーい」	左を むいたまま 両手を のばす

まっ茶・むぎ茶・ほうじ茶

インドネシア・バリ島の伝統音楽「ケチャ」を、「お茶」で歌っちゃおう。3つのパートが重なると、気分高揚、楽しさ倍増！新感覚の音楽を味わおう。

前奏

後ろから前に静かに進み出る

いよぉ～！

右足をひざから高くあげ、おろす

まっちゃ むぎちゃ ほうじちゃっちゃっちゃ～

リズムにあわせてその場で足踏み

にほんじんなら

胸の前に左手をおき、手のひらを上に。右手は抹茶をたてるようにそろえた指先を下に向け、左手の上で3回まわす

やっぱり

左手をそのままに、右手を湯のみをもつように胸の前でそえる

まっちゃ

そのまま腕をあげ、お茶をのむように口のそばにもっていく。あごを少しあげる

あつい

右手をひたいまであげ、左から右へ汗をぬぐうように動かす

ときには

ぬぐった汗をふり落とすように、右手をななめ下へふり落とす

やっぱり

左手を胸の前に、右手を湯のみをもつようにそえる

むぎちゃ

そのまま腕をあげ、お茶をのむように口のそばにもっていく。あごを少しあげる

かおりが いいのよ

右手を高く上げ、かおりをかぐように大きく2回まわす

やっぱり

左手を胸の前に、右手を湯のみをもつようにそえる

ほうじちゃ

そのまま腕をあげ、お茶をのむように口のそばにもっていく。あごを少しあげる

なにちゃ

顔を左にむけ、左手を横にのばす

なにちゃ

顔を右にむけ、右手を横にのばす

あなたは

左手を軽く腰にあて、右手のひらを上にして下から前に差し出す。静かに前に進み出る

なにちゃ

右手を顔の高さにあげ、とまる

間奏

手をおろしながらうしろへ戻る

まっ茶

まっちゃ まっちゃ まっちゃ まっちゃ

左手を腰にあて、右手を体の前で大きく4回まわす

まっ

右手をのばし手のひらを上にして下でいったんとめる

ちゃ

その手を上にふりあげる

むぎ茶

むぎ

右手をひたいまであげ、左から右へ汗をぬぐうように動かす

ちゃちゃちゃ

ぬぐった汗をふり落とすように、右手をななめ下で3回ふる

むぎ

左手をあごの下にもっていき、顔のラインにあわせ上にむかってぬぐう

ちゃ ちゃ ちゃ

ぬぐった汗をふり落とすように、左手をななめ下で3回ふる

ほうじ茶

ほうじ

右手を一度あげて上から下へまわし、かおりをかぐように鼻のそばにもっていく

ちゃ ほうじ ちゃ

その手を上にあげる

a をくり返す

はっはっはっはっ

b

両手を太ももの上に軽くおき、堂々と笑う

ごいっしょに

手のひらを上にむけ、下から上に2回動かす

 まっ茶
 むぎ茶
 ほうじ茶

それぞれのパートを4回くり返す

---

b をくり返す

そろり

両手を軽く腰にあて、左足を静かに一歩前に出す

そろり

右足も一歩前に出し、足をそろえる

いよ〜

右足をひざから高くあげる

〈おしまい〉

音を鳴らすように大きくふりおろす

雨のコンサート

子どもたちが演奏しやすい、トライアングル、カスタネット、タンバリンの3つの楽器を取り上げます。「雨のコンサート」にあわせて、楽器の音を雨のしずくに見立て、楽しく演奏してみましょう。

トライアングル

左の手のひらで三角形を覆うくらいの位置で、上側の紐だけを人差し指と中指で短めに挟みます。右手の親指と人差し指で棒（ビータ）を軽く持ち、三角形の底辺の真ん中あたりを45度くらいの角度で叩きます。ひじをのばして顔の高さで楽器を持ち、目の前で叩きましょう。

うまくなってきたら……

トライアングルは音がよくのびるので、叩いた後に覆った左手で三角形をつかむと音を「とめる」ことができます。普通に叩くことを「オープン」、三角形をつかんだ状態で叩くことを「クローズ」と言います。

カスタネット

左手にカスタネットを置いて、人差し指か中指にゴムを通し、軽く包み込むように持ちます。左手を上向きにして、右手の指で叩きましょう。

うまくなってきたら……

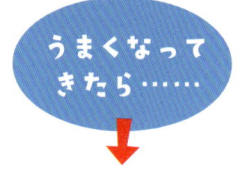

右手の指を薬指から人差し指にかけて順に「パララ」と流すように動かすとフラメンコのようなリズムを出せます。さらに慣れてきたら、持っている方の指で叩くことができます。ここまでくれば両手にカスタネットを付けてダイナミックなリズムを奏でることができるでしょう。

タンバリン
（タンブリン）

革の付いているタイプの場合は、左手の親指を面にあて、人差し指と中指で枠を軽くつかみます。横の穴は固定させるための穴なので指は入れません。右手の人差し指と中指と薬指で面の枠に近いところを叩きましょう。指の本数で音量調節ができます。

うまくなってきたら……

革の付いていないタイプ（モンキータンバリン）のようにふることで音を出します。右手に持ち、手の内側と外側にあおぐようにふったり、手首を左右に素早くねじって「ふる」ことで、細かいリズムやロールをすることもできます。

● 左利きの場合は、反対の手で楽器を持ちます。

演奏指導／本田洋一郎

「雨のコンサート」演奏例

あめのひは ながぐつはいて
あめの まちをあるく
あめのひ いろんな おとがする
あめのコンサート

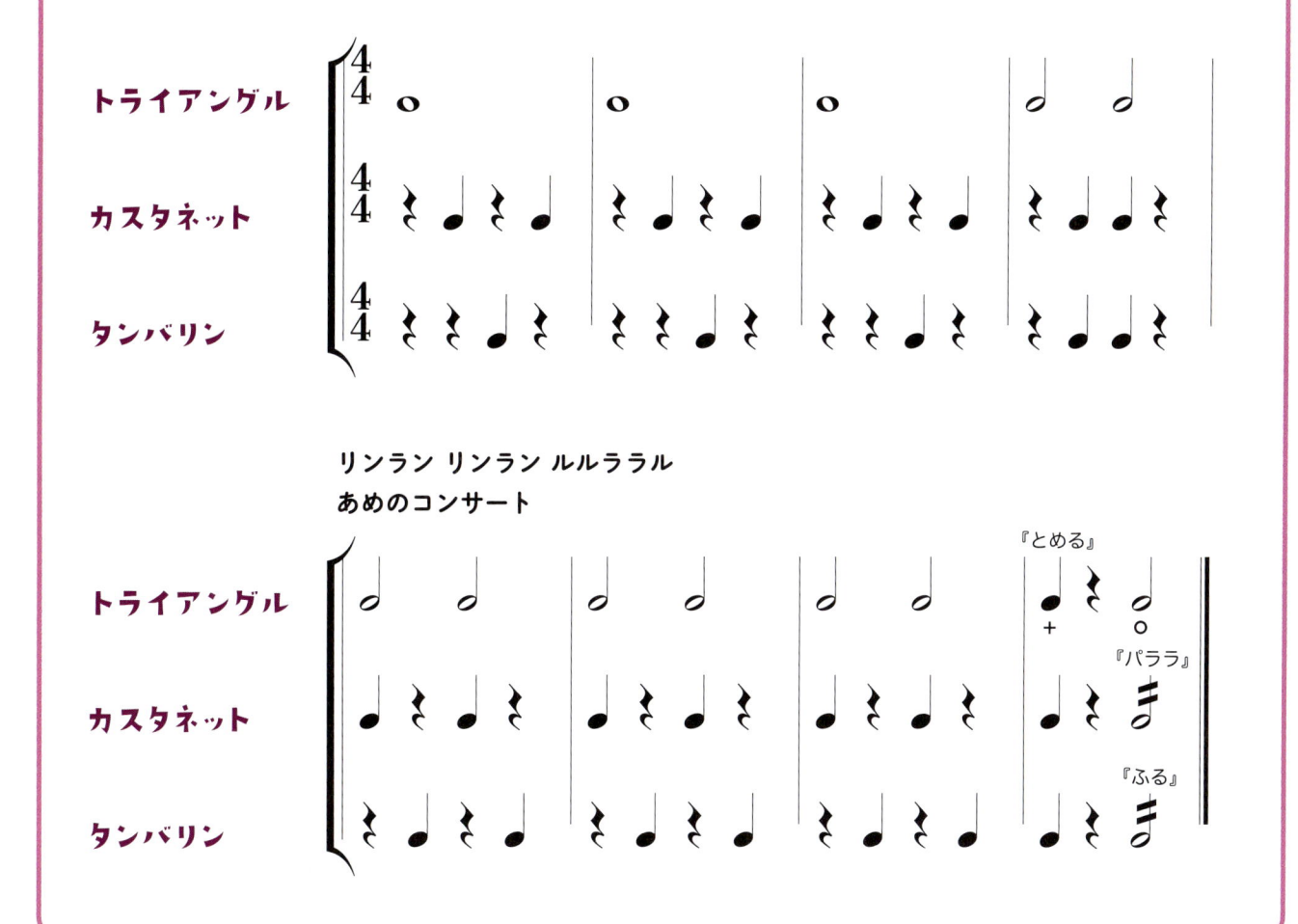

トライアングル

カスタネット

タンバリン

リンラン リンラン ルルララル
あめのコンサート

トライアングル　『とめる』

カスタネット　『パララ』

タンバリン　『ふる』

● 前半と後半で、少しだけリズムが変化しています。楽譜の最後の小節だけ「うまくなってきたら……」で紹介した〈技〉に挑戦できます。3パートをはじめからいっしょに演奏するのが難しい場合は、1番の4小節間をパート順に演奏して、2番以降で同時に演奏すると、練習にもなり、音にも変化が出て楽しめます。

きもちよ〜く 歌うには？

たにぞう＆タニケン直伝！
歌うことが大好きなふたりが、
気持ちよく歌うための
ポイントを大公開。
このポイントをおさえれば、
もっともっと歌が好きになる！

point 1

大きな声を出そう！

大きな声を出すって、実はとっても気持ちがいい。それはきっと、大きな声といっしょに、体からいやなものが出ていくから。大きな声を出すだけで心も体もすっきりする。歌は、大きな声を出すのにぴったりなんだ。

point 2

外で歌ってみよう！

遠くにいる人に自分の声を届けるつもりで、広い場所で思いっきり歌ってみよう。むこうの人に自分の歌が届いたなら、人前にたっても、きっと同じことができるはず。これが自信につながっていく。

point 3

音がはずれても気にしない！

「音」を「楽しむ」と書いて、「音楽」。音程がちょっとぐらいズレても、気持ちよく歌っているなら気にしなくてオッケー。楽しくて体が自然に動いてきたら、それもまたオッケー。踊っちゃおう。

point 4

体の力を抜こう！

とはいえ、歌う時に音がはずれてしまうのは、緊張しているから。歌う前には、体も心もこんにゃくになったつもりで、脱力、脱力。すると自然といい音が出てくる。

point 5

みんなで歌おう！

ひとりで歌うのは恥ずかしい？大丈夫、みんなでいっしょに歌おうよ。友だちを誘ってみんなで歌えば、恥ずかしさなんてどこかにいっちゃうよ。

第3章 みんなの音！

ピアノ譜

ピアノの演奏にあわせて、たくさんの友だちと歌おう。
ぼくの音ときみの音があわさって、
みんなの音楽が聞こえてくる！

ボクノオト キミノオト

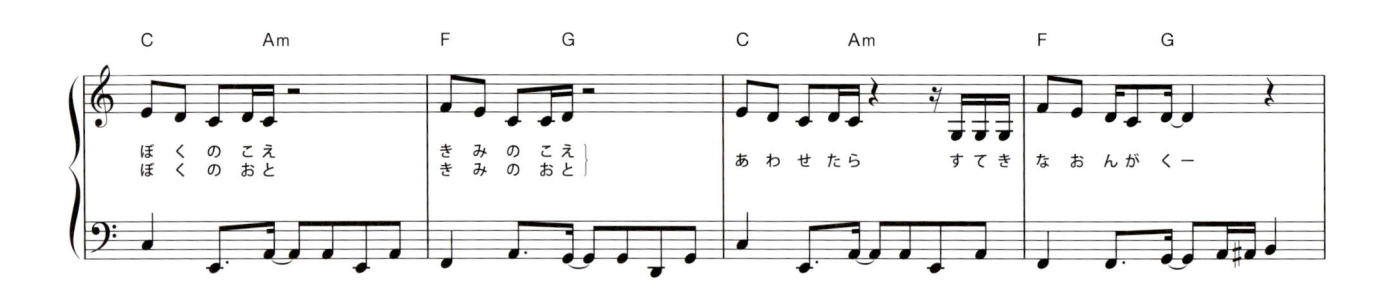

ぼく の こえ
ぼく の おと

きみ の こえ
きみ の おと

あわせたら　すてき な おんが くー

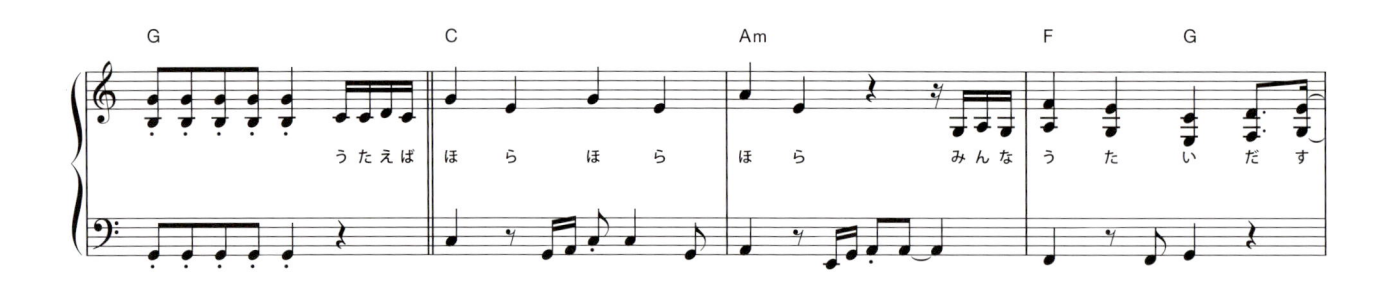

うたえば　ほ ら ほ ら　ほ ら　みんな う た い だ す

わらえば　ほ ら ほ ら　ほ ら　みんな わ ら い だ す

作詞・作曲／谷口國博

編曲／本田洋一郎

ぼくのうちには

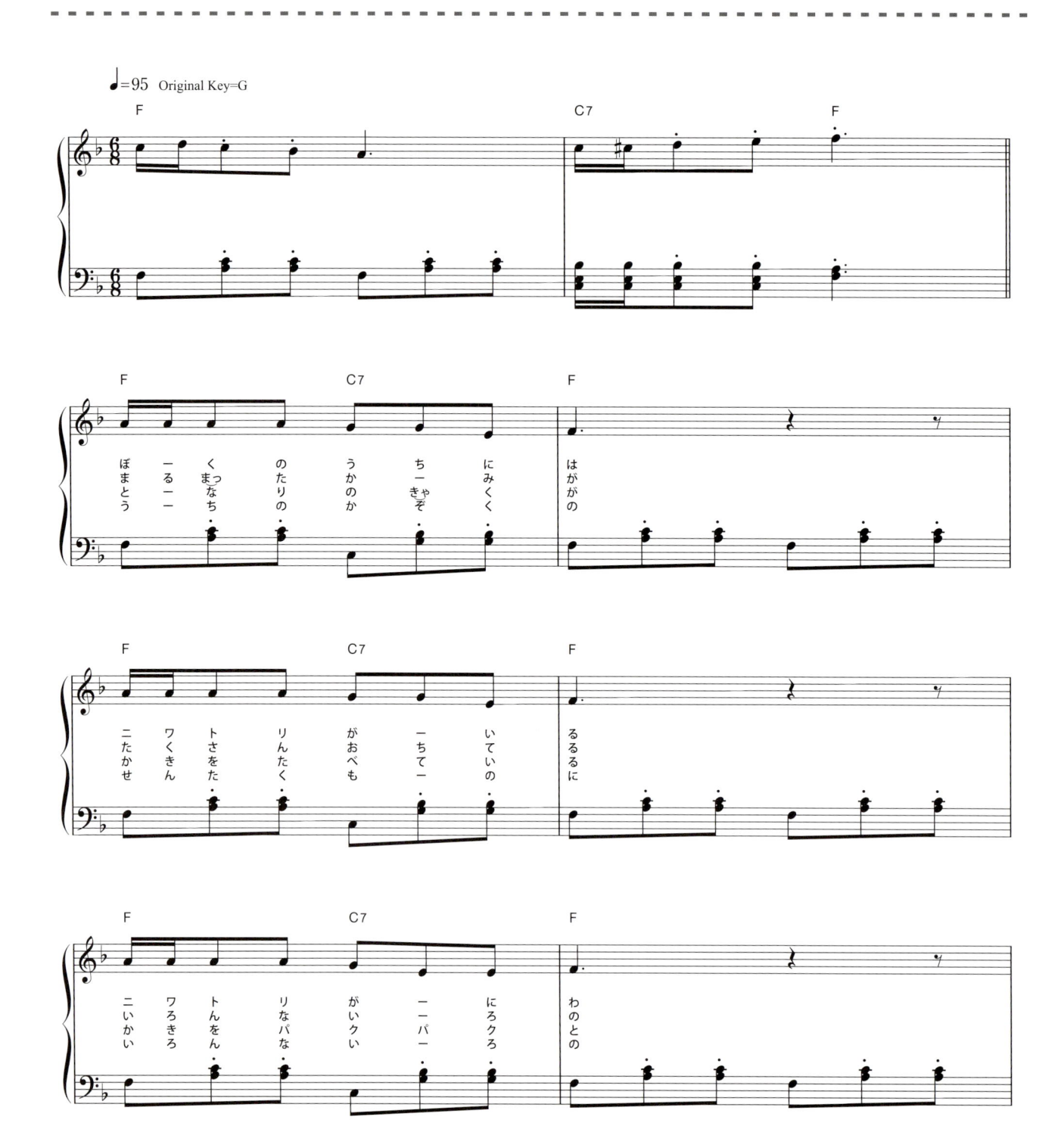

作詞・作曲／谷口國博

編曲／本田洋一郎

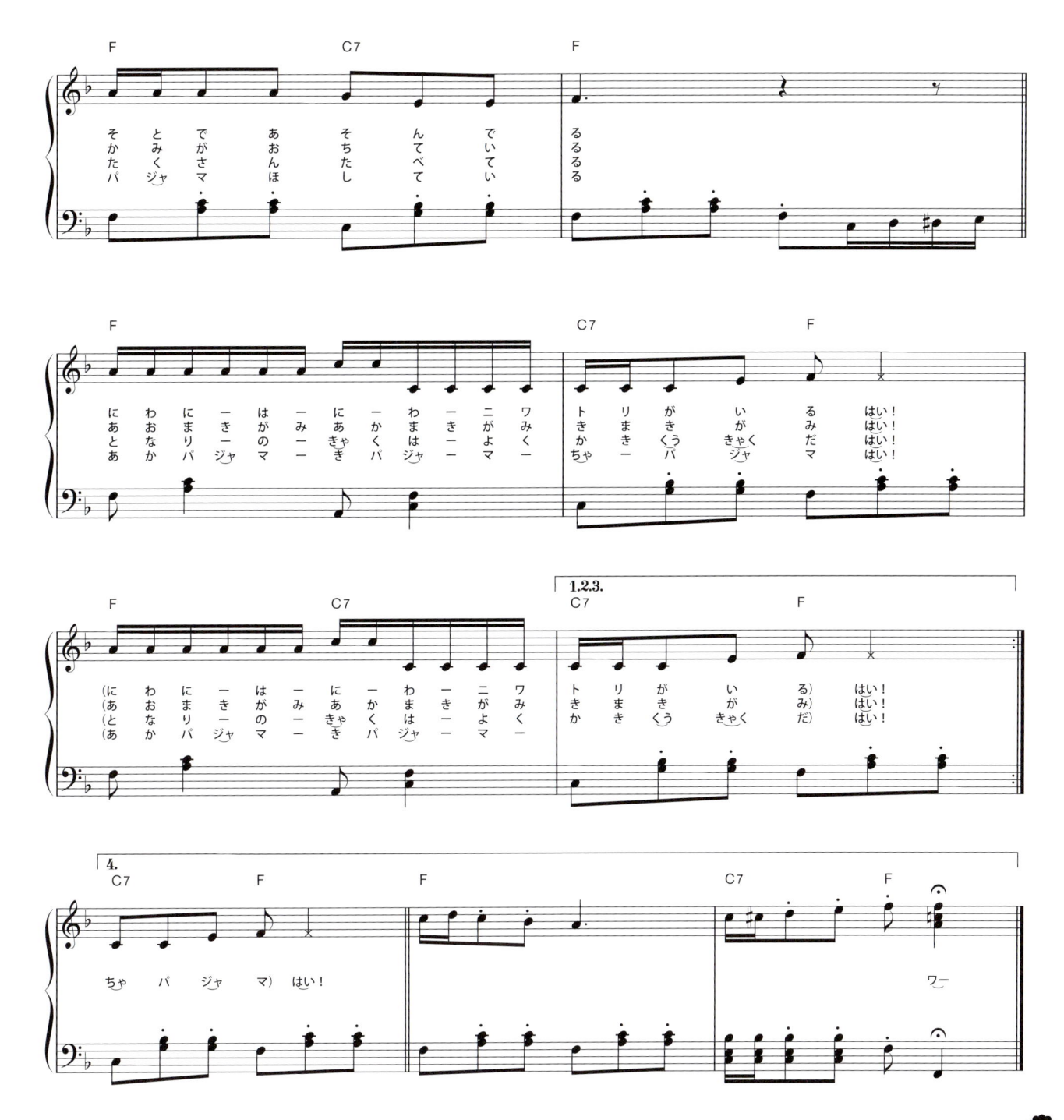

おそらにとぶのはカモメカモ?

♩=120 Original Key=E

お そ ら に い る の は　カ モ メ
お い け に い る の は

カ モ　お そ ら に ふ わ ふ わ　カ モ メ

お い け に ぷ か ぷ か　カ モ
お そ ら　カ モ メ
お そ ら　カ モ メ

作詞・作曲／谷口國博
編曲／本田洋一郎

へんしんだビーム

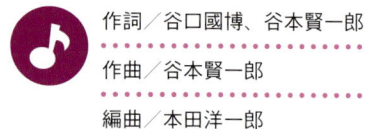

作詞／谷口國博、谷本賢一郎

作曲／谷本賢一郎

編曲／本田洋一郎

今週のおかいどく

作詞／谷口國博
作曲／中川ひろたか
編曲／本田洋一郎

♩=140　Original Key=C

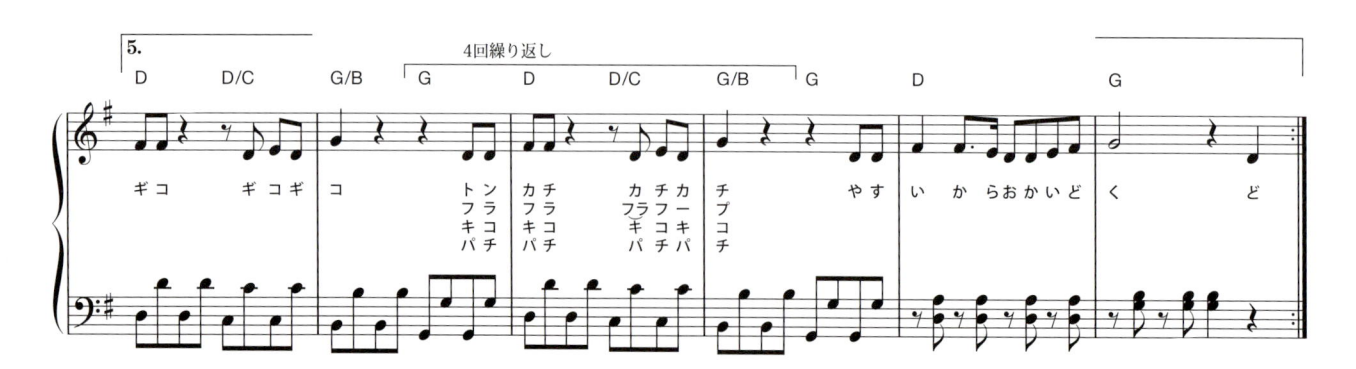

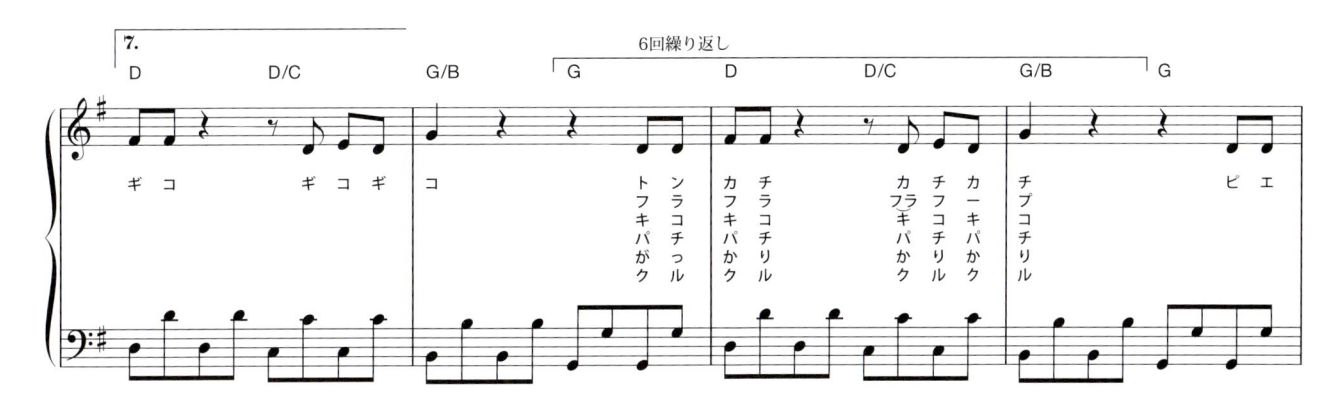

ケッコウピヨピヨ

♩=130　Original Key=D

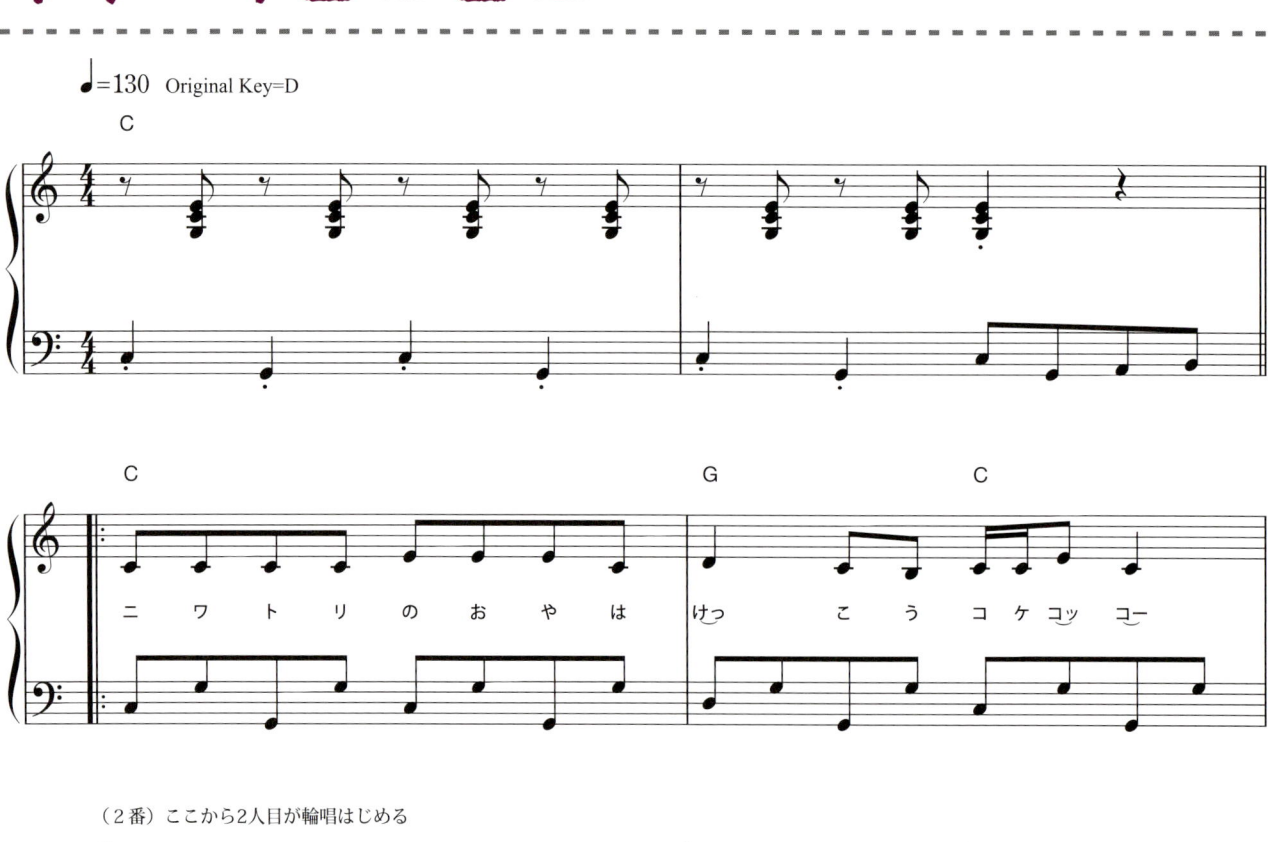

ニ　ワ　ト　リ　の　お　や　は　けっ　　こ　う　コ　ケ　コッ　コー

（2番）ここから2人目が輪唱はじめる

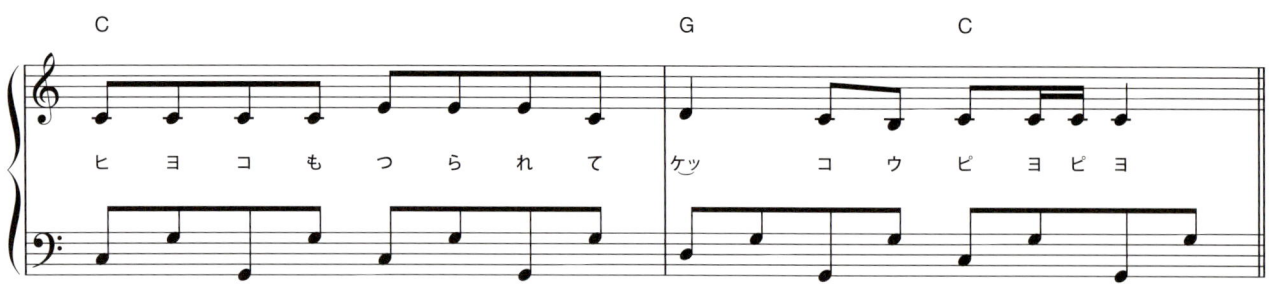

ヒ　ヨ　コ　も　つ　ら　れ　て　ケッ　　コ　ウ　ピ　ヨ　ピ　ヨ

（2番）ここから3人目が輪唱はじめる

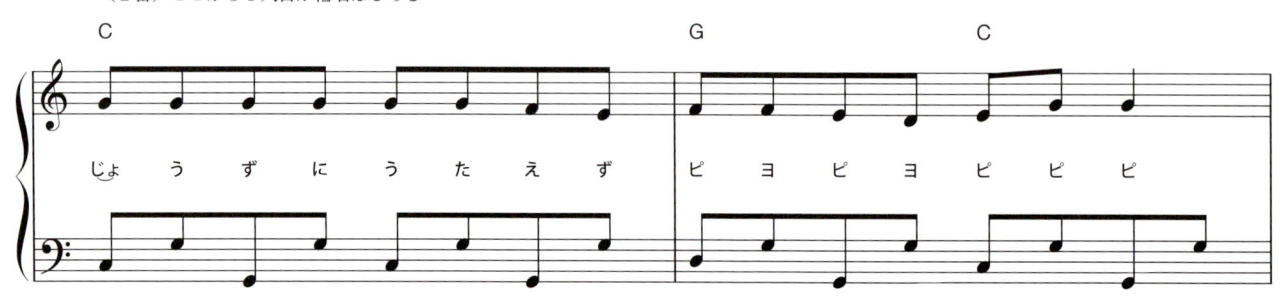

じょ　う　ず　に　う　た　え　ず　ピ　ヨ　ピ　ヨ　ピ　ピ　ピ

作詞・作曲／谷口國博

編曲／本田洋一郎

ワオキツネザル

1番♩=120　2番♩=140　3番♩=160　Original Key=F

作詞・作曲／谷口國博
編曲／本田洋一郎

雨のコンサート

（2番）ここから2人目が輪唱はじめる

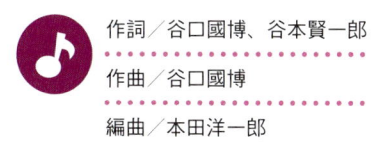

きみとともだちになったなら

作詞／谷口國博
作曲／中川ひろたか
編曲／本田洋一郎

ラララ ともだち

作詞／谷口國博

作曲／谷本賢一郎

編曲／本田洋一郎

まっ茶・むぎ茶・ほうじ茶

自由なテンポで

「いよぉ～!」

♪=170

まっ ちゃ む ぎ ちゃ ほう じ ちゃっ ちゃっ ちゃ まっ ちゃ む ぎ ちゃ ほう じ ちゃっ ちゃっ ちゃ

まっ ちゃ む ぎ ちゃ ほう じ ちゃっ ちゃっ ちゃ まっ ちゃ む ぎ ちゃ ほう じ ちゃっ ちゃっ ちゃ

♩=85

に ほん じん なら やっ ぱり まっ ちゃ あ つい とき には やっ ぱり むぎ ちゃ

か おり がいい のよ やっ ぱり ほう じ ちゃ な に ちゃ な に ちゃ あなた は な に ちゃ

作詞・作曲／谷口國博

編曲／本田洋一郎

これが魔法さ

作詞／谷口國博、谷本賢一郎
作曲／谷口國博
編曲／本田洋一郎

卒園によせて

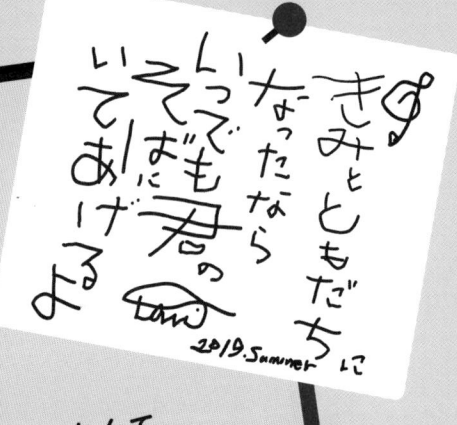

きみとともだちになったなら
いつでも君のいえにあそびに
いってあげるよ

2019.Summer に

やっぱりセレモニーは必要だね。
最後に伝えたい言葉を探す人もいるけど、
毎日子どもたちと向き合っていたら
自然と大切な言葉が溢れてくるよね。
だから最後に伝えたい言葉は、
「もう毎日、先生、みんなに伝えてきたからさ！」なんて
かっこいい言葉がいいけど、本当はそうじゃない。
ついしゃべっちゃうんだよね。
でも、私たちの仲間で震災でたくさんの仲間や
子どもたちをなくした先生がいてね、
「明日の保育はない！」ってよく言ってくれるんだよね。
もっと褒めてあげたかった！　もっと抱きしめてあげたかった！
明日なんて来ない！　つもりで毎日保育をしてみるんだって。
だから卒園までの毎日、たくさん褒めて、
たくさん抱きしめてあげよう！
こんなことができたなら、卒園式は涙が止まらない。
涙を我慢するものいいけど、
大人だって全力で涙を流してみるといい。

Message from タニケン

僕の保育園時代は外では走り回り、室内では積み木や絵本、ぬり絵や歌などで、いっぱいあそびました。

友だちとケンカして泣いたり、お漏らししたり、いろんなことがありました。

記念撮影で先生がシャッターを押すとき、僕はふざけて何度もしゃがんだりジャンプしたりしていたら、めちゃくちゃ先生に怒られました。

自分が悪いことをしたから怒られたんだっていう記憶が、40年経った今でもしっかりと残っています。先生ありがとう。

僕のような大人は結構いると思いますよ。

一瞬一瞬を一生懸命生きている子どもたちと接するのは大変だと思いますが、これからもあたたかく見守ってくださいね♫

しらない人でも
はじめての人も
うたえば 友達 になれる
これが 魔法 さ!!
タニケン 2019

谷口國博
たにぐち　くにひろ
たにぞう

1970年生まれ。東京都八王子市の保育園に5年勤務した後、フリーの創作あそび作家になる。全国の保育園・幼稚園の先生方の講習会、親子コンサートなどで活躍中。また、NHK Eテレ「おかあさんといっしょ」の「ブンバ・ボーン！」の作詞・振り付け、他多数楽曲提供。ひかりTV・ももいろクローバーZの「とびだせ！ぐーちょきぱーてぃー」に「やってみたいおじさん」として出演。沖縄県渡嘉敷村観光大使、山梨県富士河口湖町観光大使、森の親善大使としても活躍中。主な著書に保育図書『ひろみち＆たにぞうの運動会』シリーズ、『たにぞう＋中川ひろたかのうたあそび』シリーズ、絵本『うちのかぞく』シリーズ、高砂淳二との共著『いたいのいたいの とんでけ〜』（以上、世界文化社）など。
http://www.tanizou.com/

谷本賢一郎
たにもと　けんいちろう
タニケン

1974年生まれ。NHK Eテレ「フックブックロー」のけっさくくん役としてレギュラー出演。NHK エデュケーショナル「遊育（あそいく）」メンバーとして、歌やあそびを通して体を動かし生きる力を育てるプロジェクトに参加。全国でファミリーコンサートを行うかたわら、フジロックなどの野外音楽フェスにも多数出演。『LOVE FOR NIPPON』など、ライフワークの一環として、ボランティア活動や、学校・保育園・幼稚園でのライブ活動も行う。映画『名前』（2018）の主題歌『光』を担当。CD＆DVDに『たにぞう＆タニケン＆きよこのからだ遊育計画』、CDに『うたの店長さん タニケンのすてきな歌がそろっています』（以上、キングレコード）など。
http://maimusic.net/